AF314384

Vente du Mardi 21 Mai 1872.

SALLE Nº 5.

BELLE COLLECTION

DE

BIJOUX ANCIENS

ET

ESTAMPES ANCIENNES

DE PREMIER CHOIX

EXPOSITION PUBLIQUE :

Le Lundi 20 Mai 1872

COMMISSAIRE-PRISEUR :

Mᵉ **CHARLES PILLET**, 10, rue de la Grange-Batelière.

EXPERTS :

M. CLÉMENT,	**M. CHARLES MANNHEIM,**
3, rue des Saints-Pères.	7, rue Saint-Georges.

CATALOGUE

DE

BIJOUX ANCIENS

*Bonbonnières et Tabatières en or, émaillées en plein
et autres en or émaillé du temps de Louis XVI ;
Bijoux du XVIe siècle en or émaillé ;
Carnets et Montres du temps de Louis XVI ; Éventails ;
Orfévrerie des époques Louis XIV et Louis XV ;*

ET

ESTAMPES ANCIENNES
DE PREMIER CHOIX

DONT LA VENTE AURA LIEU

HOTEL DROUOT, SALLE N° 3
Le Mardi 21 Mai 1872

A DEUX HEURES PRÉCISES

Par le Ministère de Me CHARLES PILLET, Commissaire-Priseur,
10, rue de la Grange-Batelière ;

Assisté pour les Estampes : de M. CLÉMENT, Expert, rue des Saints-Pères, 3.

Et pour les Bijoux : de M. CHARLES MANNHEIM, Expert,
7, rue Saint-Georges.

Chez lesquels se trouve le présent Catalogue.

EXPOSITION PUBLIQUE : *Le Lundi 20 Mai 1872.*
DE UNE HEURE A CINQ HEURES.

CONDITIONS DE LA VENTE

Elle sera faite au comptant.

Les adjudicataires payeront *cinq pour cent* en sus des enchères.

L'exposition mettant le public à même de se rendre compte de l'état des objets, il ne sera admis aucune réclamation une fois l'adjudication prononcée.

Paris. — Typ. PILLET fils aîné, rue des Grands-Augustins, 5.

DÈSIGNATION DES ESTAMPES

BERGHEM (Nicolas).

1 — Les trois vaches au repos (B. 3).

> Très-belle épreuve du 3ᵉ état, avant le nom du maître, mais avec les travaux à la pointe sèche sur les montagnes et les nuages, à gauche.

2 — Le Joueur de cornemuse. Pièce connue sous le nom du Diamant (B. 4). Ce morceau est un des plus beaux du maître.

> Très-belle épreuve, avec une petite marge.

DREVET (Pierre-Imbert).

3 — Bossuet (Jacques - Bénigne), évêque de Meaux, d'après Rigaud.

> Superbe épreuve avant les points, avec une grande marge.

DURER (Albert).

4 — Saint Eustache ou saint Hubert (B. 57).

Superbe épreuve ; conservation parfaite.

5 — Les trois Génies (B. 66).

Belle épreuve.

DYCK (Ant. Van).

6 — Le Christ au roseau.

Superbe épreuve du 1er état, avant les mots : *Et fecit aqua forti*, après le nom de Van-Dyck, et aussi avant le mot : *Regis*, après le *cum privilegio*.

GELLÉE (Claude, dit le Lorrain).

7 — Le Bouvier (R. D. 8).

Superbe et rare épreuve du 2e état, avec le chiffre 4, mais avant quelques traits horizontaux de pointe sèche qui couvrent un petit oiseau qui vole près la touffe la plus à droite du bois ; elle est tachée d'humidité.

8 — La Danse sous les arbres (R. D. 10).

Superbe épreuve du 2e état.

OUDRY (J. B.).

9 — Le Chien braque en arrêt (R. D. 5).

Très-belle épreuve du 3ᵉ état.

POTTER (Paul).

10 — Le Vacher (B. 14).

Superbe épreuve.

RAIMONDI (Marc-Antoine).

11 — La Vierge assise sur des nues, d'après Raphaël (B. 47).

Superbe épreuve d'une estampe très-rare.

12 — Vénus sortie du bain, d'après Raphaël (B. 297).

Très-belle épreuve d'une des pièces les plus rares du maître ; elle a subi quelques restaurations.

REMBRANDT (Paul-Van-Rhin).

13 — Portrait de Rembrandt appuyé (B. 21). Cl. 21. C. B. 237. Ce portrait est le plus beau du maître.

Très-belle épreuve.

14 — Le Sacrifice d'Abraham (B. 35). Cl. 36. C. B. 6.

> Très-belle épreuve, avec une petite marge.

15 — Le Triomphe de Mardochée (B. 40). Cl. 44. C. B. 12.

> Très-belle épreuve.

16 — Jésus-Christ prêchant, ou la petite Tombe (B. 67). Cl. 71. C. B. 39.

> Superbe épreuve, tirée avant que les travaux à la pointe sèche aient été ébarbés ; l'homme, coiffé d'un turban, debout sur le devant, à la gauche de l'estampe, a le bras droit et le vêtement fort poussés au noir. Très-rare à trouver de cette beauté.

17 — Jésus-Christ guérissant les malades, dite la pièce de cent florins (B. 74). Cl. 78. C. B. 49.

> Très-belle épreuve du premier état de Bartsch.

18 — Le paysage aux trois arbres (B. 212). Cl. 209. C. B. 315.

> Très-belle épreuve. Très-rare.

19 — La Chaumière et la grange à foin (B. 225). Cl. 222. C. B. 327.

> Magnifique épreuve, chargée de barbes ; très-rare à rencontrer de cette beauté.

20) — La Chaumière entourée de planches (B. 232).
Cl. 229. C. B. 332.

Superbe épreuve, avec une grande marge.

21 — Vieillard à grande barbe et bonnet fourré
(B. 262). Cl. 259. C. B. 270.

Superbe épreuve, avec de la marge.

22 — Portrait de Utenbogaerd, connu sous le nom
du Peseur d'or (B. 281). Cl. 278. C. B. 190.

Très-belle et ancienne épreuve.

RUBENS (P.-P.).

23 — Sainte Catherine debout sur les nuages.
Magnifique épreuve.

WILLE (J.-G.).

24 — Le Repos de la Vierge, d'après Dietrich.
Superbe épreuve avant toute lettre.

DESSINS

—

FREUDEBERG.

25 — La Crainte enfantine, — la Félicité villageoise. Deux charmants dessins à la plume, lavés d'aquarelle. Ces deux dessins ont été gravés en couleur par Janinet.

DÉSIGNATION DES OBJETS

DE CURIOSITÉ

BIJOUX

26 — BELLE CROIX en or émaillé, ornée de rubans enroulés autour de branches d'épines. Elle offre sur ses deux faces des sujets peints en grisaille sur verre et rehaussés d'or. XVIᵉ siècle.

27 — COUTEAU ET FOURCHETTE à manches en argent; décors de médaillons, sujets saints, finement gravés et se terminant par une croix en forme de lis découpé à jour. Beau travail du XVIᵉ siècle. Collection Rattier.

28 — CUILLER dont le profond cuilleron et le manche, en cornaline, sont rattachés par une longue virole à nœud, en or champlevé et émaillé en noir et feuillages verts. Collection Rattier.

29 — Pendentif en or émaillé et repercé à jour en forme
de dais orné de draperies et enrichi de diamants. Travail attribué à Dinglinger.

30 — Bijou formé d'une figurine d'Amour en argent finement ciselé et doré, tenant une rosace et surmonté
d'une couronne en argent doré, enrichies de roses et
de rubis. Époque Louis XIII.

31 — Broche en forme de St-Esprit en or, incrusté d'un
rubis et de roses.

32 — Jolie petite Boîte ovale en or de couleur finement
ciselé, à rubans et festons de fleurs. Le dessus et le fond
sont décorés de médaillons émaillés en plein, représentant des scènes d'intérieur. Époque Louis XV.

33 — Joli Souvenir porte-tablettes, fond guilloché émaillé
bleu et riche monture en or finement ciselé. Il est enrichi de deux jolies miniatures ovales sur vélin peintes
en grisaille représentant des scènes ayant trait à l'amour.
Travail très-fin du temps de Louis XVI.

34 — Boîte rectangulaire en lumachelle montée à cage
en or gravé à fleurs et ornements et bec orné de roses.
Epoque Louis XV.

35 — Bonbonnière ovale en corne blonde, montée à cage en or ciselé à feuillages et ornements en relief émaillés vert, blanc et bleu. Travail très-fin du temps de Louis XVI.

36 — Bonbonnière forme panier en cristal de roche, taillé à côtes et montée à gorge à charnière en or.

37 — Petite Boîte de forme carrée à pourtour profilé en agate orientale montée à cage en or ciselé à ornements rocaille. Époque Louis XV.

38 — Targette en fer à blason en relief, surmontée d'une couronne fleurdelisée ; au centre du blason, des fleurs de lis et les armes des Médicis ; au bas, un médaillon entouré d'une inscription. Cette pièce provient du château d'Écouen.

39 — Targette en fer analogue à celle qui précède.

40 — Carnet formé de deux jolies plaques en ancienne porcelaine de Saxe, décorées de groupes de figures dans le style de Watteau et ornements gaufrés en relief. Monture en argent gravé et doré.

41 — Boîte rectangulaire, formée de six plaques en cornaline gravées à festons de fleurs en relief. Monture à cage à pilastres aux angles. Époque Louis XV.

42 — Boite de forme contournée en prisme d'améthyste
blanche taillée à cuvette et à canaux creux. Monture à
gorge à charnière en or et dessus décoré de ruines exé-
cutés en or et en jaspe sanguin incrustés.

43 — Boite carrée en ancienne porcelaine de Saint-Cloud
gaufrée à vannerie et décorée de fleurs. Monture en
argent.

44 — Deux Pièces : Bonbonnière en écaille blonde ornée
d'un bouquet en filigrane d'or et petite Boîte en émail de
Saxe.

45 — Flacon en forme de cygne en ancienne porcelaine
de Saxe.

46 — Montre Louis XVI en or ciselé et guilloché. Mouvement à répétition de Lenoir fils.

47 — Deux petits Plateaux ronds en agate garnis d'une
monture en argent repoussé à godrons et doré. Époque
Louis XIII.

48 — Beau Chapelet formé de boules en jaspe sanguin et
monture en vermeil.

49 — Plateau rectangulaire en cristal de roche gravé à
ornements aux angles. Monture en argent ciselé et
doré.

50 — Petite Coupe ronde en jade gris verdâtre à pois en
relief sur la panse et à deux anses prises dans la masse
et repercées à jour.

51 — Éventail en vernis de Martin sur ivoire représentant
un mariage dans l'Olympe.

52 — Éventail en vernis de Martin sur ivoire et feuille
peinte.

53 — Miniature sur ivoire d'après le Titien. — Femme
nue couchée.

54 — Grande et belle Boite ovale en or guilloché et
émaillé jaune orangé, à cordons ciselés à feuilles de
laurier et ornements et filets d'émail blanc, formant en-
tre-deux. Le couvercle offre un médaillon ovale peint
en grisaile, représentant Minerve défendant Télémaque
contre l'Amour. Epoque Louis XVI.

55 — Jolie Boite de forme ovale en or émaillé bleu étoilé
d'or et cordons et pilastres ciselés en relief, émaillés en
couleurs et enrichis de roses. Le couvercle est orné
d'une peinture sur émail représentant une offrande à
l'amour et entourée d'un rang de roses. Epoque Louis
XVI.

65 — Boite de forme carré long en or guilloché et gravé à compartiments émaillés rouge. Le bec est enrichi de sept brillants. Epoque Louis XV.

57 — Jolie Bonbonnière en or guilloché émaillé gris perle, enrichie de rosaces et de cordons ciselés à feuillages et ornements en relief émaillés en couleurs. Beau travail du temps de Louis XVI; conservation parfaite.

58 — Petite Boite ovale du temps de Louis XVI en or ciselé à trophées de musique et ornements sur fond gravé à mille raies.

59. — Petite Tabatière ovale en or gravé à fleurs et ornements. Le couvercle émaillé en plein est décoré d'un sujet d'Amours représentant les arts libéraux, peints en grisaille sur fond rose. Epoque Louis XV.

60. — Cachet en or repoussé, formé d'un chien assis sur socle orné de coquilles et d'ornements rocaille ciselés. Le plat du cachet est en jaspe sanguin.

61 — Bijou pendentif en or émaillé, formé d'une figure de centaure casqué. La chaîne est enrichie de perles fines et de rubis, et l'attache supérieure présente deux colombes émaillées blanc. Travail espagnol du XVIe siècle.

62 — Couteau et Fourchette à manches en or émaillé du temps de Louis XIII, décorés de bustes de personnages casqués en camaïeu rouge sur fond à feuillages en couleurs.

63 — Intaille sur sardoine orientale : buste de femme montée en bague d'or.

64 — Intaille antique sur cornaline ; groupe de trois figures montée en bague.

65 — Intaille antique sur sardonyx à trois couches : Esculape appuyé sur le jeune Télesphore; montée en bague. — Collection Pourtalès.

66 — Intaille sur sardoine. — Buste de guerrier de profil, armé d'une lance ; montée en bague d'or.

67 — Intaille sur sardoine. — Lion passant à gauche; montée en bague d'or.

68 — Médaillon antique en or offrant à son centre un phallus en relief. — Collection Pourtalès.

69 — Deux drageoirs en vermeil; l'un d'eux de forme contournée décoré de figures en relief, l'autre de forme carrée gravé à ornements.

70 — Deux pièces en argent doré : drageoir ovale à figures d'enfants et animaux en relief et boîte oblongue de travail moderne à figures et bustes en relief.

71 — Petit étui en écaille piquée d'or et incrustée de nacre. Époque Louis XIV.

72 — Bonbonnière ronde en écaille piquée d'or et incrustée de nacre de perles gravée à figures et paysages. Même époque.

73 — Grand cachet en cristal de roche taillé à pans.

74 — Petite figurine d'enfant debout en ivoire sculpté.

75 — Petit collier Louis XVI en marcassites.

76 — Quatre chaines de mariée en argent.

77 — Chaine en argent de même travail, mais plus large.

78 — Bonbonnière en écaille blonde galonnée d'or. Époque Louis XVI.

79 — Deux petites peintures sur émail et sur or, représentant des offrandes à l'Amour. Époque Louis XVI.

80 — Une paire de boutons de manchettes en or gravé sur fond à paillon rouge guilloché. Époque Louis XVI.

81 — Petite miniature ovale; portrait de femme costumée à l'orientale.

82 — CAMÉE ovale sur agate à deux couches. Offrande à Priape.

83 — BAGUE en or modèle serpent ornée d'un saphir.

84 — DEUX CAMÉES et une intaille.

85 — MINIATURE sur ivoire du temps de Louis XVI ; portrait de femme.

86 — GROSSE MONTRE anglaise du temps de Louis XIV, à réveil et à double boîte en argent gravé et repercé à jour.

87 — MONTRE de voiture en argent vernis à l'imitation d'écaille ; mouvement à réveil.

ORFÉVRERIE

88 — DEUX JOLIS FLAMBEAUX du temps de Louis XIV en argent ciselé à oves et à côtes en spirales.

89 — BELLE ÉCUELLE avec plateau et couvercle en argent ciselé à fleurs et ornements. Les anses plates de l'écuelle sont décorées de coquilles et de roseaux. Époque Louis XV.

90 — Ménagère en argent ciselé à ornements rocaille et garnie de cinq pièces forme vase en argent repoussé, ciselé et repercé à jour. Beau travail anglais.

91 — Petit Plateau de forme oblongue en filigrane d'argent.

92 — Deux grands Flambeaux en plaqué anglais à tiges et pieds carrés ornés de vases, de festons de lauriers et de têtes de béliers en relief. Époque Louis XVI.

93 — Vache debout en argent formant théière. Travail anglais.

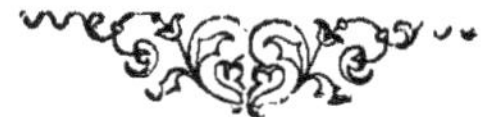

9 782329 523996